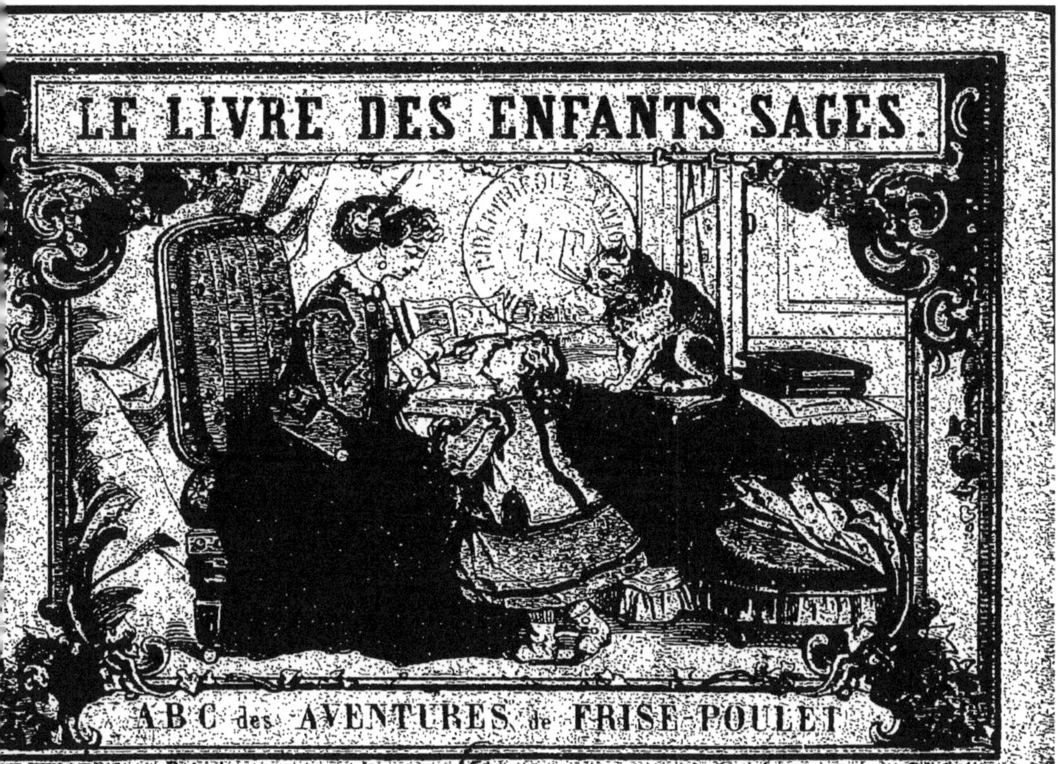

CH. PINOT édit. à Epinal. Déposé.

Je soussigné déclare avoir l'intention d'imprimer
sans changement pour mon compte un ouvrage
ayant pour titre : Le livre des Enfants Sages,
A. B C des Aventures de Frise Poulet, lequel je
me propose de tirer à 10.000 Exemplaires en un
volume de format in-8°, 16 pages d'impressions
et gravures.

Épinal, le 26 mars 1873.

Ch. Pinot

ABCDEFGHI
JKLMNOPQ
RSTUVXYZ
1234567890

LE HÉRISSON
DÉ TRUIT
LES VI PÈRES
Et les cou leu vres

a b c d e f g h i j k l m

n o p q r s t u v x y z

ba da ca va na za ja fa pa ma

pa pe pé pi po pu tu ru so mu

LE JOLI
OISEAU DE PARADIS

eu z eu ou z ou
peu feu pou fou
chou chan son
gros grand gras
a gneau   oi gnon
illon illare sillon

LU CIE
ET MARIE
É TU DIENT
LEURS LE ÇONS
dia ble   vian de
Dieu   biè re, ia
li tre œuf bœuf
ki lo mè tre   fo rum   cho lé ra

PETIT PIERRE
ET SA SŒUR

Vont chercher du bois
dans la forêt pour se chauffer
C'est l'hiver, il fait bien froid

PA PA CA FÉ
a mi ra dis rô ti
FÊ TE MÈ RE
mar mite for tu ne bar ba re

Frise-Poulet est dégoûté d'aller à l'école; toujours étudier, c'est assommant, il aime bien mieux flâner, dormir, fumer et jouer aux billes. Il se fait chasser de l'école pour la quinzième fois; quelle chance, dit-il.

Ah! fainéant, vaurien, polisson! te voilà encore chassé de l'école? Attends, attends! et son père lui administra une correction soignée, qui n'est pas du goût de Frise-Poulet. Ah, que c'est donc bien fait!

Frise-Poulet est si vexé qu'il étouffe de colère. Ah, c'est comme ça qu'on me traite ici..., eh bien, je m'en vais! et vite il fait son paquet dans un vieux cabas: deux chemises qui n'ont ni devant ni derrière, et une veste qui n'a plus qu'une manche.

Le voilà parti sur la route de Paris; c'est là qu['on] s'amuse joliment, dit Frise-Poulet, l'eau lui en vi[ent] à la bouche; il rêve des flâneries sans fin, des félici[tés] de toute espèce; il a hâte d'être arrivé.

Après avoir marché environ une heure, Frise-Poulet commence à être fatigué ; il regarde au loin devant lui. Tâtin ! comme le monde est grand ! C'est joliment loin de Paris. Il rencontre une vieille femme, et lui demande si Paris est encore loin.

Frise-Poulet grimpe sur la queue d'une voiture qui trottait sur la route, il est rudement secoué pendant deux heures; mais enfin il arrive à Paris.

Frise-Poulet trouve Paris très beau. En flânant le long des boutiques, il lit une enseigne : Ici on donne à boire et à manger! Tiens, voilà bien mon affaire, j'si un appétit de loup, entrons!

M. désire-t-il encore autre chose ? Nous avons encore des asperges, des cotelettes, du civet. Oui, oui, je veux bien de tout cela, dit Frise-Poulet; mais du civet! c'est fameux le civet.

Lorsqu'il s'agit de payer Frise-Poulet dit qu'il n'a pas d'argent. Ah bien tant pis, tiens, il ne fallait pas mettre sur votre enseigne : Ici on donne à boire et à manger. Est-ce que je savais qu'on payait, moi ?

Mais le restaurateur n'entend pas de cette oreille-là, il faut de l'argent. Frise-Poulet offre son bagage en paiement ! Va-t-en polisson, petit filou, avec tes guenilles ! tu as du bonheur que je ne te fais pas mettre en prison.

Frise-Poulet passe la nuit à la belle étoile sur un banc. Il fait des songes magnifiques ; il rêve qu'il est dans un palais superbe où l'on fait bombance depuis le matin jusqu'au soir.

Frise-Poulet a couru toute la journée dans Paris, est brisé de fatigue, il meurt de faim et de soif. U[n] marchand de brioches lui propose un emploi chez lu[i] Frise-Poulet entrevoit là une position qui lui plaira.

Voilà Frise-Poulet équipé en marmiton. Son patron lui donne un panier plein de brioches pour aller les vendre sur les promenades publiques. Allons vas, mon petit ami, j'espère bien que tu n'en rapporteras pas une!

Frise-Poulet se dirige en flanant, du côté des Champs-Elysées ; il trouve que ses brioches ont une excellente odeur : voyons que j'en goûte une? O fameuse! très bonne! une deuxième, très bonne encore! il en goûte 7 ou 8. Ca ne va pas mal, voilà un état qui me va!

Arrivé aux Champs-Elysées, Frise-Poulet regarde des gamins qui jouent aux billes, il adore le jeu de billes, Frise-Poulet ! et aussitôt il offre des brioches à ces messieurs, qui acceptent sans cérémonie.

Après avoir fait de nombreuses parties de billes avec ses nouveaux amis, jusqu'au soir, Frise-Poulet se prépare à rentrer chez le bourgeois. Comme on lui a recommandé de n'en pas rapporter une, il mange le reste des brioches avant de rentrer.

En voyant rentrer Frise-Poulet son panier vide, le bourgeois est ravi; ah, très bien, mon petit ami! vous avez placé toute votre marchandise, c'est très bien! donnez-moi l'argent!! — Comment l'argent! mais je n'en ai point, répond Frise-Poulet.

Frise-Poulet raconte comment il a placé sa marchandise. Le marchand de brioches se met dans une colère épouvantable, et lui casse toute sa batterie de cuisine sur le dos. Frise-Poulet s'enfuit à toutes jambes.

Le voilà encore une fois sur le pavé. Il s'embauche avec des saltimbanques qui lui font jouer des parades; mais cela ne l'amuse pas de recevoir des gifles toute la journée.

Enfin le voilà devenu vidangeur. Ah! s'écrie amèrement, quel métier! Non, ce n'est pas tout à Paris! Voilà cependant où m'a conduit la paresse

www.ingramcontent.com/pod-product-compliance
Lightning Source LLC
Chambersburg PA
CBHW060913050426
42453CB00010B/1697